AF330956

HÔTEL-DE-VILLE.

ASSEMBLÉE GÉNÉRALE
DES REPRÉSENTANS
DE LA COMMUNE DE PARIS.

Extrait des Délibérations de l'Assemblée générale
des Représentans de la Commune de Paris.

Du Mardi 22 Septembre 1789.

SUR la représentation faite par MM. du Comité
d'Administration, qu'ils croyent être de leur devoir
de présenter à l'Assemblée les Etats qu'ils ont fait
dresser, tant des Revenus & des Charges ordinaires
de la Ville, que des Recettes & Dépenses extraordinaires faites depuis le moment de la révolution ;
l'Assemblée, après avoir entendu la lecture desdits

A

Etats, a arrêté qu'ils feroient de nouveau vérifiés, tant par MM. du Comité d'Adminiſtration, que par MM. Lourdet de Santerre, Poujols, Lavoiſier & le Moyne qu'elle a commis à cet effet, pour, ſur le rapport qu'ils feront, être ordonné ce qu'il appartiendra.

Signé, *Bailly*, Maire ; *Vauvilliers*, Préſident ; *de Joly*, Secrétaire.

Du Mercredi 30 Septembre 1789.

L'ASSEMBLÉE ayant entendu le Rapport fait par MM. du Comité d'Adminiſtration, & par MM. les Commiſſaires qu'elle a nommés par ſon arrêté du 22 du préſent mois, pour examiner les Etats de Recette & Dépenſe faites par le Tréſorier de la Ville, & qui, par la vérification des Livres-Journaux & des Piéces de ce Compte produites par M. de Villeneuve, Tréſorier de la Ville, ont conſtaté l'exactitude & la vérité des détails & des réſultats de ce Compte ; croyant que ſon premier devoir eſt de mettre par la publicité toutes ſes opérations au plus grand jour, a arrêté que leſdits Etats de Recette & Dépenſe feront inceſſamment imprimés & envoyés dans les Diſtricts.

Signé, *Bailly*, Maire; *Vauvilliers*, Préſident ; *Brouſſe-Desfaucherets* & *de Joly*, Secrétaires.

$UIVANT la Récapitulation, au pied de l'Etat, des revenus &
charges ordinaires de la Ville pour l'exercice du premier Avril
1788, au dernier Mars 1789, comparée avec les revenus &
charges ordinaires portés dans les Comptes des années précédentes,
Les revenus ordinaires font de. 4,296,352 12
Les Charges ordinaires de. 3,254,163 4 8
Les Revenus excédoient les Charges de. . . 1,042,189 7 4

Nota. Il est à observer que les revenus de la Ville, consistans,
pour la presque totalité, en Octrois qui se perçoivent sur les
Boissons & pieds fourchus entrans dans Paris, les uns réunis
au Domaine de la Ville à perpétuité, les autres accordés par le
Roi pour un tems limité, font sujets à une très-grande variation : ils ont éprouvé, depuis le 13 de Juillet, une diminution
de près de moitié ; &, dans la suite, ils en éprouveront une
bien sensible par l'absence de tous les forts consommateurs ;
ainsi l'on ne doit pas compter pour l'acquit des charges extraordinaires & multipliées auxquelles la révolution a donné lieu,
sur l'excédent des recettes des revenus de la Ville, après les
charges ordinaires acquittées, parce que 1°. cet excédent de-
viendra nul cette année, 2°. parce qu'au moyen de ce que la
Municipalité va être chargée de toutes les Dépenses relatives à
la Police, aux Subsistances, &c., les charges ordinaires vont
tellement augmenter, que les revenus se percevant dans leur
entier, ne pourront pas y suffire.

On observe encore que le prix de quelques immeubles vendus,
& cet excédent annuel, plus ou moins fort, suivant la variation
des revenus, ont servi jusqu'ici à faire des remboursemens,
soit de rescriptions ou de capitaux de rente, & il est démontré
que ces remboursemens, depuis cinq ans, se montent à près
de huit millions.

Compte de la Révolution.

Nota. L'on a toujours regardé la Caisse de la Ville, comme
un Dépôt sacré, destiné uniquement à l'acquit des charges

ordinaires & annuelles ; en conféquence, pour fubvenir aux dépenfes urgentes & indifpenfables , qui devoient être néceffairé-
ment la fuite de l'heureufe Révolution qui affure à jamais la
Liberté de la France, telles que celles qui concernent les Sub-
fiftances & la Police ; les fecours prêtés aux Diftricts & aux
bleffés au Siége de la Baftille ; le fupplément de prêt aux ci-
devant Gardes-Françoifes , &c. ; on a été obligé d'abord de faire
des emprunts , & enfuite de propofer & de recevoir des contributions volontaires ; & afin de rendre tous ces objets de
Recettes & Dépenfes , totalement diftincts des Recettes & Dépenfes ordinaires de la Ville , on a établi une nouvelle Caiffe ,
fous la dénomination de *Caiffe des fecours*, dont M. *Camet
de la Bonnardière* , Caiffier de M. *de Villeneuve* , Tréforier de
la Ville , a été chargé. Toutes ces Recettes & Dépenfes ont
été claffées , & ce font les réfultats des différentes Claffes ,
qui forment le Bordereau de Compte ci-après , fçavoir ;

RECETTE.

Sommes prêtées {	par les Notaires . . . . . . 46,500 }	
	par M. . . . . 30,000 }	76,500
Sommes données par les Diftricts {	de Ste-Oportune . . . . 1,500 }	
	de l'Univerfité . . . . . 114 }	
	de S.-Jacques de la Boucherie . . . . . . 459 }	2,073

Contributions volontaires , dont le détail eft ci-
après 315,795 6
Prix des Grains du Gouvernement 214,883 18 8
Prix d'objets mobiliers , vendus 18,214 10
Recouvremens de fommes avancées pour des
Voyages qui n'ont pas néceffité la dépenfe to-
tale (1).   5,373 4
Avances par le Tréfor-Royal. 115,000

Total de la Recette 747,839 18 8

(1) Lors qu'un Député des Electeurs, ou de la Commune, partoit chargé d'une
Commission quelconque, on lui remettoit une somme pour son voyage, qui se portoit
aussi-tôt en dépense sur le Journal ; à son retour il fournissoit son compte et remettoit
l'argent qui lui restoit, qu'on reportoit en Recette ; ce font ces Recettes qui forment l'objet
de cet article.

DÉPENSE.

Subsistances de Soldats & Gardes-Bourgeoises .	208,168	2 3
Achat du Mobilier des Gardes-Françoises . .	130,456	
Subsistances & Solde des Détachemens envoyés pour escorter & protéger les Convois , & de ceux relatifs à la sûreté publique	333,717	5 3
Achats & transports d'Armes & de Canons, frais de Bureaux , & autres y relatifs . . .	36,689	7

Secours
{
Aux Districts & Paroisses . . 205,297 14 9
A des pauvres Particuliers . 1,993 14
}
207,291 8 9

Bastille.
{
Aux blessés & aux Parens des Personnes tuées } 6,219
Frais de garde 1,929 15
Démolition. 65,845 14
Indemnités & objets divers . 2,219 5
}
76,213 14

Remboursement de sommes empruntées des Notaires	46,500	
Fournitures de bouches , depuis le 14 Juillet jusqu'au 15 Août (1)	12,547	16 6
Impressions , à compte	5,000	
Affichage , *idem*	3,100	
Clauses particulières détaillées dans le Journal , mais qui n'ont pas pu être classées dans l'Etat	12,063	1 6
A compte de l'achat de l'or , & de la fabrication des Médailles accordées aux ci-devant Gardes - Françoises	51,000	

{
Casernement 3,834 17
Habillement 11,469
Armement & équipement . . 2,400
}
17,703 17

Total de la Dépense . . .	1,140.450	12 3

(1) Dans le commencement de la révolution , plusieurs personnes se faisoient apporter à manger à l'Hôtel-de-Ville , mais aussitôt que le Comité d'Administration a été établi il a fait cesser toutes ces dépenses.

RÉSULTAT.

La Dépenfe eft de. 1,140,450 12 3
La Recette de. 747,839 18 8
La Dépenfe excéde la Recette de 392,610 13 7

Nota. Cet excédent de Dépenfe a été fourni par la Caiffe de la Ville, & elle continue de fournir à celles relatives aux fubfiftances de la Ville, aux différens Détachemens qu'on eft obligé conferver fur les bords de la Seine, & fur la route de Normandie, pour efcorter les Convois & autres relatifs à la Police ; il eft donc on ne peut pas plus inftant, d'avifer aux moyens de la remplir de toutes ces fommes, parce que, comme on l'a obfervé, fes revenus éprouvent une diminution fi confidérable qu'à peine pourront-il fuffire à l'acquit des charges ordinaires.

Mais ce ne font pas là les feules dépenfes à couvrir ; l'Adminiftration doit payer le premier Décembre les neuf cent mille livres qu'elle doit aux ci-devant Gardes-Françoifes pour le prix de leurs immeubles qu'elle a acquis ; elle aura à payer les réparations relatives aux Caférnes des foixante Diftrits, les engagements, l'habillement, armement & équipement de la Garde-Nationale foldée ; l'armement & équipement de celle non-foldée ; elle aura à faire les avances pour l'achat des chevaux, habillement, équipement & armement d'une grande partie de la Cavalerie ; elle a à rembourfer toutes les Charges & Offices de l'Hôtel-de-Ville, fupprimés par le premier Art. du Plan projeté pour organifer la Municipalité ; elle aura encore à payer les indemnités demandées par les Propriétaires des anciennes Caférnes occupées par les Gardes-Françoifes ; toutes ces Dépenfes réunies peuvent être évaluées environ à fept millions ; & ce n'eft que du zèle patriotique de tous les bons Citoyens qu'elle peut attendre les fecours dont elle a indifpenfablement befoin.

Situation de la Caisse de la VILLE, au 13 Juillet, époque de la Révolution, & celle au 22 Septembre suivant.

SÇAVOIR:

Suivant l'arrêté du Journal, la Recette à l'époque
du 13 Juillet, étoit de. 3,238,231 14
Et la Dépense de. 383,555 9 3

    Partant, il restoit en Caisse 2,854,676 4 9

Il a été reçu, depuis le 13 Juillet jusqu'au
22 Septembre, tant des revenus ordinaires
d'Octrois & Domaniaux de la Ville, que du
Trésor-Royal, pour les dépenses du Pont de
Louis-XVI, les Atteliers de charité, & l'acquit
des Rentes dues par la Ville, & dont le Roi est
chargé, la somme de   1,437,259

Il a été dépensé pendant le-
dit temps, tant pour les charges
ordinaires, que pour le Pont &
l'acquit de toutes les Rentes,
celle de 1,730,010 5 3

    La dépense a donc la excédé
la recette, de. 292,751 5

    Laquelle somme il faut déduire de celle qui
restoit en Caisse à l'époque du 13 Juillet, ci . 292,751 5

    Il restoit donc en Caisse, au 22 Septembre,
celle de 2,561,925 4 4

SÇAVOIR,

En argent & billets de la Caisse d'escompte . . 456,041 11 3
En effets payables à différentes époques, dont
la dernière est au premier Avril 1791, d'après
les Décisions & Arrêtés du Bureau de la Ville . 1,323,992 4 6
                                         1,780,033 15 9

De l'autre part. . . . 1,780,033 15 9

Récépiffés d'avances (1) . . . . 19 ,813 9 8

Refcriptions (2) 118,100

(3) Secours aux Noyés, petites Penfions & Aumônes 500

(3) Maifons ⎰Indemnités . . 32,137 12 9 ⎱
des Ponts ⎱Intérêts . . . . 46,729 12 7 ⎰ 78,867 5 4

Avances fur le compte de la Révolution . . . 392,610 13 7

Somme pareille 2,561,925 4 4

(1) Ces récépiffés d'avances font pour fommes payées fur de fimples mandats à compte de différentes entreprifes et fournitures ; lorfque les entreprifes font finies ou les fournitures faites, on en arrête les comptes ; on convertit tous les mandats particuliers en un mandat général auquel on joint toutes les Piéces juftificatives, et ce n'eft que ce dernier mandat qui fe porte fur le Journal, comme piéce comptable.

(2) Il en eft de même des Refcriptions ; elles ne fe portent pas fur le Journal au moment de leur acquitement ; on dreffe un état à la fin de chaque mois de toutes celles qui ont été payées pendant le cours d'icelui ; au pied de l'état on fait un mandat de leur montant ; et c'eft ce mandat feul qu'on porte en Dépenfe.

(3) Les trois Articles concernant les fecours, penfions et aumônes, indemnités et intérêts fur les Maifons des Ponts, font dans le même cas que les précédents, et c'eft ainfi qu'on en ufe pour toutes les fommes payées par à-compte ; elles ne s'enregiftrent que lorfqu'on folde les objets pour lefquels les à-comptes ont été donnés.

ETAT

ETAT ET NOMS

Des Particuliers qui ont donné des secours à la Ville, pour ses dépenses extraordinaires, depuis le 13 Juillet jusques & compris le 26 Septembre 1789.

SÇAVOIR,

NOMS.		SOMMES.
Juillet. 18	D'un Anonyme, par les mains de M. Veytard. 3,000	
	D'un autre Anonyme. 24	3,624
	De Me Bessin, Procureur au Châtelet. 600	
19	De M. Réad, Médecin.	24
20	De MM. de l'Association du Sallon des Arts. 792	
	De M. le Comte du Petitval, par les mains de M. de la Poize. . 300	2,092
	D'un Anonyme, par les mains de M. Tassin. 1,000	
21	De M. de Bellefoy. 150	
	De M. le Président de l'Assemblée de la Commune. 3,504	3,654
22	De M. le Baron de Tubeuf. . . 128	
	De M. l'Abbé Duval, Proviseur du Collége d'Harcourt. 500	
	De MM. du Chapitre S.-Honoré. . 2,400	
	De MM. les Administrateurs des Postes. 12,000	
	De l'Ambigu Comique. 482 12	
	Des Bluettes. 20 8	
	15,531	9,394

B

DATES.	NOMS.	SOMMES.	
	De l'autre part. . .	15,531	9,394
1789. Juillet. 22	Des Beaujolois.	462 10	
	Du sieur Nicolet, Entrepreneur du Spectacle des Grands-Danseurs.	361 18	
	Des Variétés.	1,464	
	De l'Opéra.	2,098	20,238 8
	De M. Bailly, Maire. . . .	240	
	Du Spectacle des Associés. . .	81	
23	De la Communauté de MM. les Boursiers du Collége d'Harcourt.	1,000	
	De MM. du Chapitre de N. D. .	12,000	
	De M. le Duc de Charost . . .	1,350	
	De M. Tronchet, par les mains de M. Grizard	600	
	De M. Poignot, *idem*	300	
	De M. Desmeuniers, *idem* , , ,	144	
	De M. Lemoine, *idem*	144	
	De M. Germain, *idem*	600	
	De M. Dosfant, *idem*	600	
	De M. Garnier, *idem*	500	
	De M. Debourges, *idem* . . .	500	
	De M. Vignon, *idem*	500	
	De M. Beviere, *idem*.	600	
	De M. Threillard, *idem*. . . .	240	
	De M. le C^re de Rochechouard, *id.*	3,000	
	De M. Guillotin, *idem*. . . .	240	
	De M. le Comte de Mirepoix, *id.*	600	
	De M. le Curé de S.-Nicolas du Chardonnet, *idem*.	600	
	De M. l'ancien Evêque de Senez. .	1,290	
	De M. Taillepied de la Garenne. .	150	
	De M. le Vicomte d'Aubusson. .	1,200	
	De la Communauté de MM. les		
		26,068	29,632 8

DATES.	NOMS.	SOMMES.	
	Ci contre. 29,068	29,632	8
	Procureurs au Parlement, par les mains de M. Formey. 6,000		
	De M. Maradan, Libraire. . . . 96		
1789.	De la Compagnie de MM. les Notaires. 13,560		
Juillet. 23	De M. Desforges, Curé de S.-Sauveur. 240	54,387	8
	De la Compagnie de MM. les Agens de Change. 6,000		
	De Monsieur, Frère du Roi. . . 2,400		
	Du Vauxhall d'Eté. 23 8		
	De M. Delaborde, père 10,000		
24	De M. Foacier, pour MM. les Fermiers-généraux 20,000	50,054	12
	Des Délassemens-Comiques . . . 54 12		
	De M. l'Archevêque de Paris . . 20,000		
	De M. le Duc de la Rochefoucault. 3,000		
	De M. l'Abbé de Chevreuil . . . 1,200		
	De M. l'Abbé Vallé, Procureur du Collége de Lisieux 600		
25	De M. Bergeron, Principal dudit Collége 300	17,539	2
	De l'Ambigu-Comique 295 2		
	De MM. les Administrateurs des Domaines du Roi 12,000		
	De M. Lefebvre, Chevalier de S.-Louis 144		
	De l'Opéra 5,855 4		
27	Des Variétés 1,836 10		
	De M. Liesse 300		
	De la Communauté de MM. les Huissiers - Priseurs 2,400		
		10,391 14	151,613 10

DATES.	NOMS.			SOMMES.			
	De l'autre part.			10,391	14	151,613	10
	De MM. les Régisseurs-généraux, par les mains de M. Gougenot.		12,000				
	D'une Société de Citoyens de Lyon, par les mains de MM. Fulchiron, Grivel & Compagnie.		3,000				
	De MM. les Comédiens François .		9,846	11			
	De M. Desbiès		600				
1789. Juillet. 27	Par les mains de M. Del-neuf, Rece-veur-général de l'Univer-sité.	Du Corps de l'Université	1,500			41,838	5
		De la Faculté de Théo-logie	300				
		Du Doyen de cette Fa-culté	300				
		De la Faculté de Droit,	300				
		De la Faculté de Méde-cine.	300				
		De la Nation de France,	1,500				
		De la Nation de Picardie,	200				
		De la Nation de Nor-mandie	1,200				
		Et de la Nation d'Alle-magne.	400				
28	De M. Grizard, pour MM.	Duport	1,200			5,640	
		Berthereau	600				
		d'Ormesson & Anson .	1,200				
		l'Abbé de Bonneval . .	1,200				
	De M. Moreau-de-S.-Méry, pour une Dame de Chatillon-fur-Seine.		240				
	De MM. les Fermiers de la Caisse de Poissy , ...		1,200				
29	De M. le Marquis de Lambert . .		600			1,536	14
	Du Spectacle des Grands-Danseurs		810	2			
	Des Délassemens-Comiques . . .		87				
	Des Bluettes		33	12			
	De M. Durand		6				
						200,628	9

DATES.	NOMS.		SOMMES.
	Ci-contre.		200,628 9
30	De l'Opéra	5,188 12	
	De la nouvelle Compagnie des Indes	12,000	
	De la Communauté de MM. les Procureurs des Comptes . . .	2,400	21,403 12
	D'un Anonyme, par les mains de M. Taffin	1,200	
	De MM. de la Société du Club-National.	615	
31	De MM. les Receveurs - généraux des Finances , par les mains de M. Bataille de Francès	12,000	15,000
	De M. le Préfident de S.-Fargeau .	3,000	
Août 1	De M. Grizard, pour MM. Martineau & le Clerc	288	
	De MM. les Payeurs des Rentes, par les mains de M. Chauchat. .	4,800	8,712
	De Monfieur, Frère du Roi . . .	3,000	
	De M. l'Abbé Charbonnet . . .	600	
	De Madame de Pomard	24	
2	De M. Duverney	200	
	D'un Anonyme, par les mains de M. Moriffe	600	9,986 16
	De MM. les Comédiens Italiens .	9,186 16	
3	De M. Avrillon	48	
	De M. de la Grange	72	
	De MM. Rougemont & Hottinger	1,000	6,180
	D'un Anonyme	12	
	D'un Anonyme	48	
	De M. Doërner & Compagnie . .	5,000	
			261,910 17

DATES.	NOMS.		SOMMES.

De l'autre part. 261,910 17

	De Madame Dupin, rue Platrière, vis-à-vis la grande Poste	1,000
	De M. Levacher de Perla . . .	150
	De M. Boscari l'ainé	300
	De M. Boscari de Ville-pleine . .	300
4	De M. le Comte & de Madame la Comtesse de Pons-S-Maurice . .	600
	De Madame P. G. H.	24
	D'un Anonyme	300
	De M. Noguès	2,000
	De M. Isaac Lemaître	300

Total : 4,974

	De M. D. Chevalier de S.-Louis. .	200
5	De M M. Blondel & d'Aple, par les mains de M M. Rougemont & Hottinger	100
	De M. B. M.	48
	De M. N. D.	200

Total : 548

6	De M. Rodier	36
	De Monseigneur le Duc d'Orléans, par les mains du sieur Gally . .	1,200

Total : 1,236

	De M. l'Abbé Gauthier	24
	De Madame veuve Lavigne . . .	48
	De Mademoiselle ***.	6
7	Des Concessionnaires du Privilége des Voitures de places & autres .	1,200
	De M. Savalette.	600
	De M M. les Administrateurs de la Caisse d'Escompte	12,000
	De M. Lavoisier, par les mains de M. dé la Garenne	288

Total : 14,166

282,834 17

DATES.	NOMS.		SOMMES.
	Ci-contre.		282,834 17
1789. Août. 8	Des Entrepreneurs du Spectacle des Délassemens-Comiques . . .	61 10	661 10
	De M. Puissant des Placelles . .	600	
10	D'un Anonyme, par les mains de M. Formey	24	54
	D'un autre Anonyme	30	
12	De la Communauté de MM. les Procureurs au Châtelet, par les mains de M. le Masson		3,000
13	De Madame la Marquise de Gontaut, par les mains de M. Rousseau		600
15	Du sieur Nicolet, Entrepreneur du Spectacle des Grands-Danseurs		411
17	De M. le Recteur de l'Université, par les mains de M. Delneuf . , ...		240
19	D'un Anonyme, par les mains de M. Canuel		600
26	De M. Lepaige, Bailly du Temple		1,200
27	De MM. les Secrétaires du Roi, par les mains de M. le Begue		15,000
28	De MM. Bellot & Compagnie du Havre, par les mains de M. Gastinel·(1)		2,000
29	De M. Necker Germani		1,000
Sept. 7	De M. Grizard, pour M. Target		480
15	De M. Buirette, Caissier du Spectacle de Monsieur, Frère du Roi		1,569 19
18	De MM. les Fermiers-généraux, par les mains de M. Foacier		6,000
21	De M. l'Abbé Sieyes, par les mains de M. Grizard		144
			315,795 6

(1) Ces 2000 liv. ont été retirées le 4 Septembre, de la Caisse des Secours, par M. Castinel, qui les y avoit apportées, au lieu de les avoir été placer, suivant l'intention de ses Commettans, dans l'Emprunt de 30 millions qu'ouvroit alors le Gouvernement.

DATES.	NOMS.	SOMMES.
	De l'autre part.	315,795 6
Sept. 26	De MM. les Prevôt, Lieutenant & Syndics des Maîtres Perruquiers.	3,000
	Total. . . .	318,795 6

Sur quoi il convient de déduire la somme
de 2,000 l. retirées par M. Gastinel, ci 2,000

      Total restant. 316,795 6

De l'Imprimerie de LOTTIN *l'aîné*, & LOTTIN *de S.-Germain*, Imprimeurs Ordinaires de la VILLE, rue S. André-des-Arcs. 1789.